おなかの赤ちゃんと話せる本

池川クリニック院長
池川 明

学陽書房

おなかの赤ちゃんとおしゃべりしよう

産婦人科医として、私はいままでに、四〇〇〇件以上の出産に立ち会ってきました。

そうしたなかで気づいたのは、おなかの赤ちゃんには、繊細な感情や強い意思があり、驚くほどたくさんのことを理解しているということです。

赤ちゃんは、お母さんの気持ちをいつも一緒に感じています。そして何より、お母さんの声に耳を澄ませ、お母さんに話しかけてもらいたいと願っています。

赤ちゃんが望んでいるのは、お母さんの「大好きだよ」「宿ってくれてありがとう」というメッセージです。

どうぞ、この本を参考に、おなかの赤ちゃんに、話しかけてあげてみてください。

おなかにいるときから一人前として認められ、心をかけてもらった赤ちゃんは、「生きるのって、すばらしい」「自分は自分として存在していい」と、確信できるでしょう。

そんな自信を持って生まれ、成長できるなら、やがて人生の困難に出合うときがきても、自分の力で切り拓いていくことができるはずです。

だから、おなかの赤ちゃんに話しかけることは、幸福な人生の礎をプレゼントすることでもあるのです。

そして、もうひとつお願いしたいこと。それは、赤ちゃんの「思い」にも耳を澄ましてほしい、ということです。

姿も見えないおなかの赤ちゃんとコミュニケーションするなんて、本当にできるかしら、と疑問に思うお母さんもいるかもしれません。

けれど、おなかの赤ちゃんに心を向け続けていると、ひらめきのようなかたちで、「赤ちゃんがいま、こんなことを思っているかもしれない」と、感じることがあるものです。

そんなふうにコミュニケーションをして、お母さんと赤ちゃんの絆を深めておくと、生まれた後も、赤ちゃんの気持ちを感じとりやすくなります。

「どうして泣いているの？」「どうしたらいいの？」と悩むことも減りますから、マタニティブルーにもなりにくくなります。

そのほかにも、おなかの赤ちゃんへの語りかけには、たくさんの効用があります。

まず、赤ちゃんを意識することで、お母さんは心身ともにリラックスし、自分の心を見つめるゆとりが生まれます。

とくに、お父さんも一緒に赤ちゃんに語りかけてくれるなら、すばらしいことです。お母さんはお父さんの愛情を感じて気持ちが安定しますし、夫婦仲もぐんとよくなります。

もし上のお子さんがいるなら、上のお子さんにも赤ちゃんに話しかけてもらってください。

赤ちゃんに話しかけていると、上のお子さんには「お兄ちゃん（お姉ちゃん）になるんだ！」という自覚が出てきます。

こういう体験をしたお兄ちゃん、お姉ちゃんは、お産までに現実を受けとめる準備ができるので、赤ちゃんが生まれた後、ひどいやきもちを焼くことなく、かわいがってくれます。

子育ては、「家族育て」でもあります。

家族みんなが、まだ姿の見えない赤ちゃんと心を通わせる練習をするなかで、お互いを思いやる気持ちを育み、成長していくことができたら、なんてすてきなことでしょう。

この本では、生まれる前のことを覚えている子どもたちのエピソードを交じえながら、おなかの赤ちゃんとのコミュニケーションをとるヒントを、たくさんご紹介します。

「おなかの赤ちゃんとのおしゃべり法」は、お母さんと赤ちゃんの組み合わせだけ、無数にあります。

さあ、あなたなりの「おしゃべり法」を見つけましょう。

池川　明

もくじ

第2章

おなかの赤ちゃんと話してみよう……29

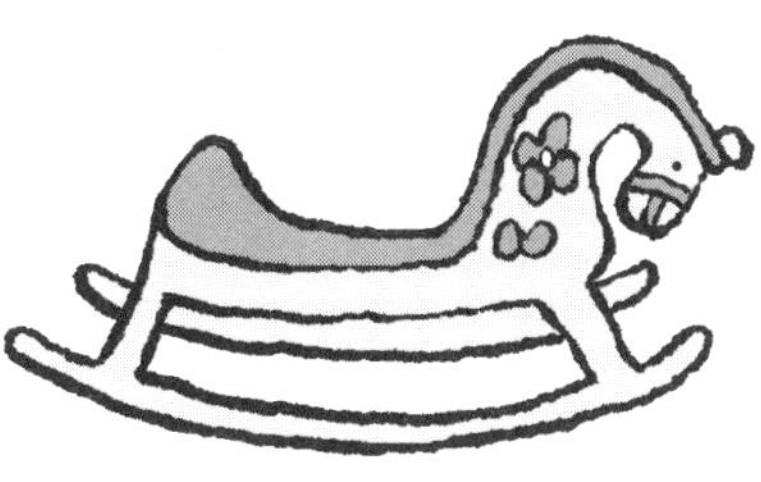

第1章

赤ちゃんは覚えている

赤ちゃんは覚えている

（胎内記憶のアンケートの
子どもたちの言葉より）

赤ちゃんには、おなかの中の記憶(胎内記憶)があると知っていますか?

以前、私が長野県諏訪市と塩尻市で親子三六〇一組を対象に行った調査(二〇〇三~二〇〇四年)では、およそ三人に一人の子どもに、胎内記憶がありました。興味深いことに、おなかの中のことを覚えているかどうかを決める最大の要因は、お母さんがおなかの赤ちゃんに語りかけたかどうかだったのです。

お母さんが赤ちゃんの誕生を心待ちにして、ひんぱんにおなかに話しかけていると、「あたたかかった」「楽しかった」といった、ポジティブな記憶が多くなります。

東洋では胎教という考え方がありますが、昔の人はおなかの赤ちゃんに思いを向ける大切さを、体験的に知っていたのでしょう。

おなかの赤ちゃんは、お母さんから「あなたがいてくれて嬉しいな」と語りかけてくれるのを、ワクワクしながら待っているのです。

赤ちゃんには聞こえている

（胎内記憶のアンケートの
子どもたちの言葉より）

「おなかの中でお母さんの声が聞こえた」と言う子どもは、かなりいます。というのも、聴覚は胎生一週頃にすでに原型ができ、もっとも早く発達する機能のひとつだからです。

おなかの赤ちゃんは、すでに二〇週で音楽を聞きわけ、二八週で音に合わせて体を動かすことができます。

とくに、お母さんの声は骨伝導で聞こえるため、赤ちゃんにはよく聞きわけられるようです。まして自分に向けられた言葉だったら、赤ちゃんは一生懸命耳を傾けることでしょう。

「話しかけても聞いているかわからない」と思う人もいるかもしれませんが、実は聞こえているとしたら、なんて話しかけてあげようかと、ちょっと楽しくなってきませんか？

おなかの赤ちゃんと話すと子育てがスムーズになる

私のクリニックで出産するお母さんたちを見ていると、赤ちゃんがおなかにいるときから話しかけ、おしゃべりを楽しんでいたお母さんは、出産後の子育てもスムーズになるようです。

あるお母さんは、三六ページで紹介する「キックゲーム」で、おなかの赤ちゃんとおしゃべりを楽しんでいました。

そのお母さんは、本を読んで、おなかの赤ちゃんがお母さんと話したがっていることを知り、半信半疑で「これから質問するけど、イエスならキックして。ノーならキックしないで」と語りかけたところ、すぐに赤ちゃんがキックで答えてくれて、びっくりしたそうです。

それからは、食べ物を選ぶときや、体調がすぐれず休もうか迷ったときに、赤ちゃんに「おなかを蹴って教えてね」と聞くようにしました。すると、ここぞというときには、赤ちゃんが「ドンドン」と連打するようなキックをしてくるようになったのです。

また、質問していないのに赤ちゃんからキックをしてくるときには、「『休んでほしい』って言っているのかな」と、赤ちゃんの思いを気にかけてあげるようにしました。

すると、赤ちゃんが生まれてからも、おなかがすいているのか、おむつを替えてほしいのか何となくわかり、とても育てやすかったそうです。

おなかにいるときから、コミュニケーションしていると、その後の子育てもぐんと楽になるのです。

赤ちゃんはお父さんの声が大好き

「おなかの中にいたとき」
パパが『ぞうさん ぞうさん
お鼻が長いのね』って
歌っていたの
(三歳、女の子)

（胎内記憶のアンケートの
子どもたちの言葉より）

赤ちゃんはお父さんの声が大好き。お父さんに話しかけてもらうと、嬉しくなって元気に動き出す赤ちゃんもいます。

ある二歳の女の子は、「お父さんのおなかにいたとき、あったかかったんだ」と言ったので、お母さんが「あなたはお母さんのおなかにいたのよ」と教えたら、「えっ?」とびっくりしてしまいました。その子の場合、お母さんよりお父さんのほうが、よくおなかに話しかけていたそうです。

お父さんがおなかの赤ちゃんに積極的に話しかけていると、すぐに赤ちゃんと仲良しになれます。なかには、生まれてすぐお父さんの声を聞きわけて、ほほえむ赤ちゃんまでいるのです。

その反面、赤ちゃんがかわいくてたまらないのに、抱っこしようとすると大泣きされ、困りはてているお父さんもいます。

そんなお父さんに話を聞いたところ、「仕事が忙しく、おなかの赤ちゃんにはほとんど話しかけませんでした」とのこと。

おなかの赤ちゃんとお母さんはからだがつながっていますが、お父さんは体が離れていますから、あえて話しかけてもらわないと、気配がわかりません。生まれてから急にあやそうとしても、赤ちゃんから見ればまるで馴染みのない人なので、不安になってしまいます。

妊婦健診に付き添ってきたお父さんに、「お父さんが話しかけないでいると、生まれた後、赤ちゃんに泣かれちゃうかもしれませんよ」とアドバイスすると、それからはあわてて話しかけてくれるようになります。単身赴任などでお母さんと一緒にいられない場合は、お母さんにおなかに受話器を当ててもらい、電話を通して話しかけてもらうといいでしょう。

私のクリニックでは、お父さんに話しかけてもらうようにしてから、明らかな変化が表れました。以前は赤ちゃんが生まれた後、育児ノイローゼのようになってしまうお母さんがいたのですが、深刻なケースがぴたりとなくなったのです。

おそらく、お父さんはおなかの赤ちゃんに話しかけることによって、父親としての自覚が育ち、赤ちゃんが生まれた後、積極的に赤ちゃんの世話をするようになるのでしょう。

すると、お母さんは子育てのすべてを一人で背負い込まなくてすみ、ずっと楽に赤ちゃんと向き合えるようになります。

ですから、お母さんはぜひ、赤ちゃんがお父さんをもっと好きになれるように、協力してあげてください。

お父さんがおなかの赤ちゃんに話しかけたら、お母さんも「お父さんってやさしいね」「お父さんは、あなたがかわいくてたまらないのよ」なんて、ひとこと添えるのはいかがでしょう。

最高の胎教は、お父さんと仲良くすること

（おなかの中は）居心地が
悪かった。
だから早く出てきたの
三歳 男の子

（胎内記憶のアンケートの
子どもたちの言葉より）

赤ちゃんは、周りの人たちの様子、とくにお母さんとお父さんの関係については、かなり敏感です。

妊婦健診で「おなかが張るんです」と訴えるお母さんのおなかに手を当てると、熱を吸いとられるように冷たいことがあります。そんなとき、お母さんに「何かありましたか」と聞くと、「昨日夫婦げんかしました」と言うことが多いのです。

そこで「赤ちゃんが怖がっているみたいですよ」とお伝えし、お母さんには赤ちゃんに「お父さんとけんかして、びっくりさせちゃったね。ごめんね。でも、あなたに怒っているわけじゃないの」と、話しかけてもらいます。

すると、ただそれだけで赤ちゃんが納得し、あたたかい感触が戻ってくることもよくあるのです。

夫婦仲のよさは、赤ちゃんの居心地をよくし、安産を迎えるための、大きなポイントです。

お父さんに知っておいてもらいたいのですが、産前産後のお母さんは、お父さんにはついていけないほど、情緒不安定になることがあります。妊娠をどれほど喜んでいても、お母さんの心身には大きなストレスがかかっています。ささいなことで怒ったり、涙を流したり、イライラしたりするかもしれません。

けれど、そんなときこそお父さんの出番。お母さんが愚痴をこぼしたら、とにかく聞いてあげてください。怒りの矛先がお父さんに向かっても、最後まで耳を傾けて、ひとこと「悪かったね」と言ってあげたらどうでしょう。

お母さんの目を見つめて肩でも抱きながら、「うん、うん」と、うなずいてあげましょう。ただそれだけで、お母さんは気持ちを切り替えることができるのです。

お母さんの心が不安定なとき、まじめなお父さんほど、なんとか解決しなくてはという責任感に駆られ、アドバイスしたくなるかもしれません。けれど、それは逆効果。お母さんはお説教が聞きたいのではなく、お父さんにただ共感してもらいたいだけなのですから。

もちろん、お父さんも人間ですから、お母さんの話をいちいち深刻に受けとめていたら、疲れはててしまいます。この際、「相手の気持ちを受け入れ、聞き流す」技術を磨くチャンスと考えて割りきり、愚痴は同僚にでも聞いてもらいましょう。

お母さんの苛立ちを受けとめられるのは、世界でただ一人、自分だけ。そう思って、大変な時期を乗り越えてくださいね。

赤ちゃんはお母さんを選んできた

ぼくね、雲の上にいてね、
あー あそこの家が
とってもいいな、行きたいな
って思ったんだよ。だから
ぼく、ここに来たんだよ。
来てよかった！（二歳男の子）

（胎内記憶のアンケートの子どもたちの言葉より）

生まれる前の記憶には、ちょっと不思議なものもあります。なんと、おなかに宿る前のことを覚えている子どもがいるのです。

子どもによって語る内容はさまざまですが、生まれる前のイメージにはだいたいの共通点があります。

子どもたちは、雲の上や魔法の国のような気持ちのいい場所で、自分と同じような子どもと、「あのママがかわいい」「やさしそう」などと言いながら、地上を見下ろしています。やがてときがくると、自分で選んだ大好きなお母さんのもとに、自分の意思で下りていくのです。

子どもに「ママを選んできたの」と言われたお母さんは、子どもをいっそう愛しく思い、一人の意思ある人間として尊重しなくてはならない、と感じるようです。そんな思いがあればきっと、子どもを親の付属物にしない、いい子育てができるでしょう。

『誕生を記憶する子どもたち』の著者チェンバレン博士は、「記憶は人間としてのありかたの一部であり、はじめから私たちと共にあるもの」と語っています。

子どもたちの話を聞いていると、人間はたましいを備えた存在で、生まれる前の記憶は脳ではなくたましいに刻みつけられているのではないかと思えてなりません。

命の誕生って、神秘です。最先端の生殖医療の研究者でさえ、「受精は神の領域だ」と語っているほど。親子は、深い愛の絆で結ばれた、親しいたましいなんです。

おなかの赤ちゃんは、あなたに会うために、はるばるこの世界に下りてくると決めた、勇気あるたましいです。

どうぞたくさんの「ありがとう」と「大好き」を伝えてあげてくださいね。

第2章

おなかの赤ちゃんと話してみよう

胎名をつけて、話しかける

妊娠がわかったら、おなかの赤ちゃんに仮の名前（胎名）をつけてあげましょう。赤ちゃんに話しかけてあげるときも、胎名をつけてあげると、赤ちゃんをイメージしやすくなります。

胎名を覚えている子どもはときどきいて、お気に入りの人形に同じ名前をつけたり、ふと「ぼくがおなかにいたとき、○○って呼んでいたでしょ」と言い出したりする場合もあります。

おなかの赤ちゃんとのコミュニケーションは、ただ、赤ちゃんに話しかけてあげるだけでいいのです。

赤ちゃんに話しかける内容は、なんでもかまいません。「お日さまが気持ちいいね」「おいしいご飯だね」「そろそろ寝ようか」など、日常のちょっとしたことを、口に出してみましょう。

要は、赤ちゃんに大好きなお母さんの声をたっぷり聞かせてあげればいいのです。

歌が好きなお母さんなら、おなかに向かって歌ってあげるといいでしょう。話しかける内容がどうしても思い浮かばないなら、とりあえず絵本を読んであげるのはどうでしょうか。

親子でゆったりした時間を過ごすのが目的ですから、お母さんがリラックスした声をかけられるなら、どんな方法でもいいのです。

声色には、お母さんの心がすべて表れるものです。お母さんが肉声で愛情を込めて話しかけてくれると、赤ちゃんはその思いを感じて、嬉しくなります。

手でおなかにふれてみる

赤ちゃんを意識するときは、おなかに手をふれてみましょう。

皮膚の感覚は、胎生一〇週までに発達します。しかも、お母さんの皮膚から赤ちゃんまで、ふつうわずか三～四センチしかありません。

赤ちゃんが大きくなるともっと奥に入り込んだり、逆に二センチくらいのところまで手足を突き出すこともありますが、子宮と皮膚の距離は妊娠を通してほとんど変わりません。そこで、外側から手を当てるだけで、赤ちゃんの様子をかなり感じとることができるのです。

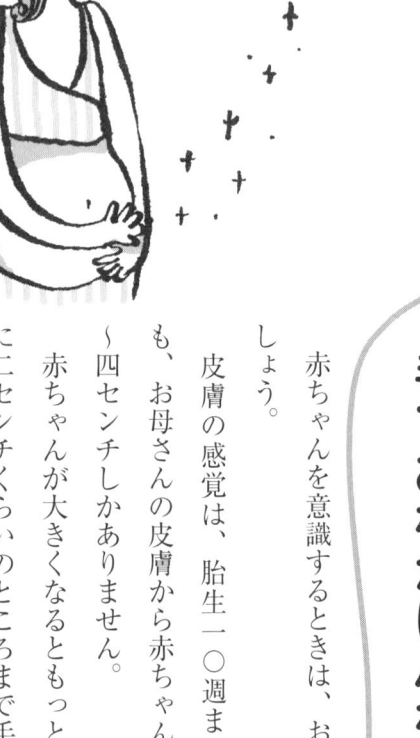

たとえば、手を当てながら意識を集中すると、とくにあたたかく感じる場所がありますが、そこが赤ちゃんの心臓です。実際、サーモグラフィで測定すると、確かに心臓のあたりの温度が高くなっています。

人間が人とのふれあいを好むようになるかどうかは、お母さんとの肌の接触で決まる、といわれています。

撫でられて育っていない子は、他人にふれられるのを嫌がることがあります。とはいえ、ただ撫でればいいのかといえばそうではなく、おざなりに触るのと、優しい気持ちで触るのとでは、明らかにタッチが違います。

肌の感覚は、最初に完成し最後まで残るといわれる、根源的な感覚です。おなかにいるときから、優しい気持ちで撫でられた赤ちゃんは、きっと豊かな心が育つでしょう。そして、赤ちゃんを撫でるとお母さん自身も癒され、穏やかな気持ちになります。それは、すばらしい胎教になるでしょう。

お父さんにも、ふれてもらう

おなかにふれるのは、とくにお父さんにおすすめです。お父さんが赤ちゃんに話しかけるときは、なるべくお母さんのおなかに手をおくようにしてください。

お父さんがおなかに手を当てて赤ちゃんに話しかけると、お母さんも幸せな気持ちになります。すると、赤ちゃんには「お父さんの感触とお父さんの声＝快い」という情報が伝わります。

できれば、おなかに手を当ててのお父さんの語りかけを、寝る前の日課にしてもらうとよいでしょう。

毎日手を当てていると、それまで動いていた赤ちゃんがお父さんのぬくもりを感じて静かになったり、じっとしていた子がキックを始めたりする様子がわかるようになります。

とりわけお父さんにおすすめなのは「ドラゴンボールごっこ」です。鳥山明さんの『ドラゴンボール』という漫画に、「元気玉」という技が出てきますが、それにヒントを得た方法です。お母さんのおなかに手を当て、赤ちゃんのために、おなかの中にやさしい小さな「元気玉」を作っているところを思いうかべてもらいましょう。

ちょうど、赤ちゃんに「気」を送ってあげるのと同じことになるので赤ちゃんはとても気持ちがいいようです。

お父さんは胎動を経験できませんが、手を当てることによって、おなかの赤ちゃんとスキンシップできるのです。

楽しくおしゃべりキックゲーム

キックゲームは、赤ちゃんにおなかをトントンと蹴ってもらうことで、コミュニケーションをはかるツールです。おなかの赤ちゃんが、キックによって気持ちを伝えることはよくあり、それを応用した方法です。

胎動は、早い人では一三～一四週からわかるようです。健診のとき、エコーで「いま赤ちゃんが動きましたよ」とお伝えすると、「この動き、わかります。チョウチョが羽ばたいているみたい」と言うお母さんもいます。

妊娠一八週以降になると、多くのお母さんが明らかな胎動を感じるようになり、キックゲームに取り組みやすくなります。

キックゲームでは、まず「『はい』なら一回、『いいえ』なら二回、おなかを蹴ってね」など、赤ちゃんとルールを決めます。すぐにコミュニケーションがとれない場合もありますが、何度も繰り返すうちに、しだいに赤ちゃんも慣れてきます。

キックゲームでは、かなり突っ込んだ対話をすることもできます。たとえば、お総菜をひとつひとつ手に取りながら「どれを食べたい？　食べたいものがあったら、おなかを蹴ってね」と相談してもいいでしょう。同じ方法で、どんな音楽や絵本が好きなのかを聞くこともできます。

「どの日に生まれるのか、教えてね」と話しかけ、カレンダーで一日一日示していくと、生まれたい日を教えてくれる赤ちゃんもいます。

当たり外れにこだわらず、赤ちゃんとのおしゃべり法のひとつとして楽しんでみましょう。

ためしてみようキックゲーム

(1) 赤ちゃんがおなかを蹴ったら、お母さんも赤ちゃんに話しかけながらやさしくおなかを叩いて、キックに応えてあげましょう。

(2) 「『はい』なら一回、『いいえ』なら二回、おなかを蹴ってね」など、ルールを決めて、赤ちゃんに伝えましょう。ルールはお母さんが決めてかまいません。

(3) キックゲームで質問するだけでなく、急に大きな胎動があったときなど、「何が言いたいの?」と注意を向けるようにしていると、赤ちゃんも意識的にキックで意思を伝えようとするようになります。

キックゲームの体験談から

＊　予定日が近くなったとき、おなかの赤ちゃんに「何日に生まれるか教えてね」と聞いて、カレンダーを一日ずつ指差していきました。ある日を指差したとき、赤ちゃんは明らかにポーンと蹴ってくれました。そして本当に、その日に生まれたのです。

＊　買い物に行って、「どの魚が食べたい？」とか「どのお肉が食べたい？」など、おなかの赤ちゃんに聞きながら品物を手に取ると、明らかに「ドドン」と蹴ってくれることがありました。妊娠中、食材に迷ったときは、よく赤ちゃんに聞いていました。

＊　胎動がはっきりわかるようになった頃から、私が一回おなかを叩くと赤ちゃんも一回、二回叩くと二回、三回叩くと三回、蹴り返してくれるようになりました。その子はもう小学生ですが、「ぼくがおなかにいたとき、ママがおなかを叩いて、ぼくが同じ数だけ蹴って、遊んだね」と、その頃のことを覚えています。

＊　私はおなかの赤ちゃんは女の子だと気づいていました。けれども、夫は男の子だと思い込んでいて、よく「たろう」と呼びかけていました。すると、そのたびに赤ちゃんはおなかを蹴るので、私は赤ちゃんが「違う、私は女の子だよ」と言っていると感じました。生まれてみると、やはり女の子でした。

＊　明け方に体調が悪くなったのですが、深刻ではなかったので、病院に行くべきか迷っていました。そこで、おなかの赤ちゃんに「お医者さんに診てもらうほうがよかったら、おなかを蹴って教えて」と聞いてみたところ、ポーンと蹴ったのです。念のため診察に行ったところ、薬が必要な状態でした。

＊　息子を妊娠していたときは明確にキックが返ってきましたが、娘のときは胎動がクリアでないのでわかりにくかったです。ただ、ふと「一緒に絵を描いてみる？」と聞いたときは、すごい勢いでキックの連打がありました。そして筆をとってみたら、どんどんイメージがわいて、まさに絵がほとばしり出たのです。娘はキックで「絵を描きたい」という気持ちを伝えてくれたのだと確信しました。

赤ちゃんの気持ちをきくダウジング

赤ちゃんとコミュニケーションをするには、ダウジングという方法もあります。

ダウジングは、振り子などを用いて「イエス」「ノー」を聞いていく方法で、主に地下水脈を発見するために使われており、四〇〇〇年以上の歴史があります。

原理としては、無意識的な体の筋肉反射から答えを得る方法ですから、練習すれば誰でもできるようになります。一〇〇パーセント当たるわけではありませんが、私は自分の体験から、重要な場面ではかなりのことがわかると感じています。

ダウジングに使う振り子としては、石やクリスタルが市販されていま
す。ただ、要はバランスよくくるくる回ればいいのですから、五円玉に糸を通したものでも、小さめのヘッドがついたネックレスでも代用することができます。

ダウジングをするには、まず自分にとっての「イエス」「ノー」の動きを知らなくてはなりません。

そこで、まず振り子を下げたら、答えが「イエス」と決まっている質問を思い浮かべ、振り子の反応を調べます。次に、答えが「ノー」である質問を思い浮かべ、振り子の反応を見ます。

振り子は、「イエス」か「ノー」かで、縦にふれたり、横にふれたり、あるいは右回り、左回りをするといった、独特の動きをします。その動きが、「イエス」「ノー」を示す振り子の反応というわけです。

振り子の動きが見分けられるようになると、お母さんが答えを知らない

質問にも、「イエス」「ノー」の反応が返ってくるので、赤ちゃんの気持ちを聞くのに使えるようになります。

ただし、このとき大切なのは、動きをコントロールしないようにすることと、雑念を入れないようにすることです。

たとえば、お母さんの側に、「男（女）の子であってほしい」という願いがあって、「あなたは男（女）の子？」と聞いていくような場合は、正確な答えは出にくくなるでしょう。

また、赤ちゃんだって、答えたくないことや答えられない質問があるかもしれません。ですから、何かを聞く前は、ダウジングをしてもいいか赤ちゃんに質問して、振り子が「イエス」に動くのを確認してからにしましょう。

質問が終わったら、「答えてくれてありがとう」と、お礼を伝えるのを忘れないようにしてください。

ダウジングに慣れてくると、「あなたは○○（食べ物や音楽など）が好き？　イエスかノーで教えてね」といったふうに、具体的な対話を楽しめるようになります。

キックゲームのように、「何日に生まれてくる？　○日？　△日？」などと、聞いていくのもいいでしょう。ときには、時刻まで正確に当たることもあります。

ただし、ダウジングでは、当たる・当たらないにこだわらないようにしてください。矛盾するようですが、振り子で「すべてを当てよう」とこだわっていると、正確な答えが出ないのです。

ダウジングは、「あかしら、こうかしら」とイメージをふくらませ、赤ちゃんと心を通わせるツールのひとつとして、遊び心を忘れずに活用するといいでしょう。

ダウジングをためしてみよう

(1) まず、自分の「イエス」「ノー」の動きを調べましょう。

リラックスして振り子を下げ、「ここは日本ですか」「いまここで雨が降っていますか」「私は女ですか」といった、答えが「イエス」と決まっている質問を一〇個思い浮かべて、振り子の動きのパターンを見つけます。

次に、答えが「ノー」である質問を一〇個思い浮かべて、振り子の動きのパターンを見つけます。

振り子の動きがあいまいなときは、質問が適切かどうか、検討してください。たとえば、「今日は雨ですか」という質問は、時刻も場所もあやふやなため、答えが出にくくなります。

(2) ダウジングで赤ちゃんと話したいときは、はじめに「これから○○についてダウジングをしますが、いいですか」「これは、ダウジングで答えられる質問ですか」と質問します。

「イエス」という答えが出たときだけ、ダウジングに進むようにしてください。

(3) 赤ちゃんが「イエス」「ノー」のどちらかで答えられる質問をして、振り子の動きを確かめます。

赤ちゃんとのコミュニケーションを楽しみましょう。

(4) 質問が終わったら、赤ちゃんに「答えてくれてありがとう。今日のダウジングは、これでおしまいにしましょう」と、伝えてください。

ダウジングの体験談から

私は診療のとき、ダウジングを活用しています。お産で医療介入に踏み切るべきか迷うとき、ダウジングで赤ちゃんに「まだ待てる？　それともお手伝いしたほうがいい？」と質問して、その答えを参考にすることもあります。

きっと無意識には、私はすでに判断を下しているのですが、ダウジングをすると、それを確認できるのです。

専門的なことは、その道の専門家がダウジングするほうが的中率が上がります。ですから、お母さんが医療的な問題でダウジングをする場合、ダウジングはあくまでも補助的な情報と考えてください。

＊　赤ちゃんに何日に生まれるか、ダウジングで聞いたところ、赤ちゃんは本当に、その日に産声を上げました。

＊　ダウジングで「男の子」と出たとおり、生まれたのは男の子でした。

＊　赤ちゃんが逆子になったとき、外回転術をお願いするべきかどうか迷いました。
ダウジングをして、「がんばるよ」というメッセージをもらったので、外回転術に踏みきったのです。結局、無事に逆子を直すことができてホッとしました。

＊　振り子は使わないので、厳密にはダウジングと呼べないかもしれませんが、私はおなかの赤ちゃんに気持ちを向けて手の力を抜くと、「イエス」「ノー」で、微妙に違った動きをすることに気づきました。

そこで買い物に行ったときなど、よく「あなたはどちらが食べたい？」などと聞いていました。

＊　上の子を妊娠する一年前、赤ちゃんがほしくて、池川クリニックに子宮と卵巣のチェックに行きました。先生に「いつ赤ちゃんが生まれますか」と質問したら、ダウジングで「一年後の九月に着床か出産かな」と言われ、本当に九月に出産になりました。

次の子のときも、妊娠を待ちきれずにダウジングを

お願いしたところ、「こんどの赤ちゃんはこの世に来るのが初めてで、不安がっているみたいだね」と言われました。

そこで、毎日「みんなやさしいよ。大丈夫よ」と声をかけていたら、翌月、妊娠がわかりました。

イメージで対話する

おなかの赤ちゃんとコミュニケーションするには、「イメージを使う」方法もあります。

これは、心身ともにリラックスしてから、おなかの赤ちゃんをありありとイメージし、赤ちゃんの思いを直観で受けとるという、シンプルな方法です。

おなかに赤ちゃんがいると、お母さんはふだんより直観力が高まっています。ですから、イメージも浮かびやすく、楽しく取り組めるでしょう。

「本当に赤ちゃんと話せるのかしら」「私の思い込みかもしれない」なんて疑っていると、うまく気持ちを伝えあうことができません。まずは、赤ちゃんの返事に興味を持ち、ふっと浮かんだひらめきを大事にしてください。

最近では、「胎話士」とよばれる、おなかの赤ちゃんと直観によってコミュニケーションをとるスペシャリストもいます。

複雑な問題を抱えているときは、胎話士さんに相談することが有効なケースもありますが、ほとんどの場合は、お母さん自身が直観でおなかの赤ちゃんとお話しするので充分です。

赤ちゃんを気にかける思いさえあれば、きっと赤ちゃんと対話できます。慣れてくると、赤ちゃんはお母さんの質問について、かなり具体的なことまで答えてくれます。

イメージ法の後は、日付を入れて、気づいたことや感じたことをメモしておきましょう。

赤ちゃんからのメッセージを現実に生かしたら、イメージの中で赤ちゃんに報告し、やりとりを記録していくのもおすすめです。すると、コミュニケーションをさらに深められるだけでなく、赤ちゃんが生まれた後、子育ての参考にすることができます。

しばらく赤ちゃんを意識しないでいると、久しぶりに赤ちゃんをイメージしたとき、「もっと私に話しかけて」と言われるお母さんもいるようです。

上の子の世話に追われていたり、産休ぎりぎりまで働いていると、おなかの赤ちゃんの存在をつい忘れてしまうこともあるでしょう。けれど、忙しいときこそ、意識的に赤ちゃんをイメージする時間を持ってほしいのです。

イメージ法を実践すると、赤ちゃんは決して未熟なだけの存在ではなく、ポジティブで、それぞれ個性的であることがわかります。そして赤ちゃんは、お母さんの体をいたわるだけでなく、心の成長も助けてくれま

す。
　赤ちゃんに意識を向け、思いを伝えあおうとすると、赤ちゃんはとても喜び、気持ちよくなるようです。イメージ法を始めたとたんに胎動が激しくなったり、イメージのなかでにこにこ笑い出す赤ちゃんもいます。
　そして同時に、お母さんも心身ともにゆったりしますす。心の奥にふれる時間を持てば、それまで封じ込めていた感情に気づくでしょうし、人生を見つめ直すことにつながるかもしれません。
　せわしない現代社会では、心を見つめるチャンスはなかなかありません。その意味では、赤ちゃんはお母さんに、深い精神的な時間をプレゼントしてくれるのです。

イメージ法をためしてみよう

(1) 心も体もリラックスします。おなかに手を当てて目を閉じ、深呼吸しましょう。

(2) おなかの赤ちゃんをイメージしてください。赤ちゃんは何をしていますか。寝ていますか、起きていますか。どんな表情をしてますか。

(3) イメージのなかで、赤ちゃんを抱っこしましょう。赤ちゃんの重みを感じてください。あたたかいですか。お肌はすべすべですか。甘い匂いがしますか。

(4)　赤ちゃんに、「いまからお母さんとお話ししてくれる?」と、たずねましょう。「いいよ」という答えが返ってきたら、気になっていること、知りたいこと、伝えたいこと、なんでもいいので語りかけてください。テレパシーのようにひらめく映像や言葉があったら、それが赤ちゃんからのメッセージです。

(5)　コミュニケーションを楽しんだら、「今日はこれでおしまい。ありがとう。またお話ししようね」と語りかけましょう。イメージのなかで、赤ちゃんをおなかの中に戻します。

(6)　お母さんも、意識をゆっくり戻します。深呼吸をして、自分のペースでゆっくり目を開けましょう。周りの景色をしっかり見て、床を感じ、自分のからだの存在を感じてください。

イメージ法の体験談から

＊　体調が悪かったとき、イメージのなかで赤ちゃんにたずねたら「体を冷やさないで。腰をあたためてね」と教えられました。言われたとおりにしたら、体調も戻りました。

＊　イメージ法をしたら、赤ちゃんから「甘い食べものはやめて。ズッキーニ、海藻、納豆、にんじんを食べて」というメッセージを受けとりました。ずいぶん具体的な答えが返ってきたので、びっくりしました。

＊「ママに何かお話ししたいことある？」と質問したら、「ぼくを歓迎してほしい」と言われました。
妊娠して大喜びしているのになぜかしら、と考えるうち、周囲の人に何気なく「女の子がほしかったのに、男の子なんです」と言ったことがあったのを、思い出しました。

申し訳なく思い、「ママのところに来てくれて嬉しいわ」と、あらためて赤ちゃんに伝えました。

＊　イメージのなかで、赤ちゃんに「パパがお産に立ち会えるといいね」と話しかけたところ反応がなく、不思議に思っていました。
するとしばらくして、赤ちゃんから「お産は、ぼくとお母さんが協力してがんばるのが基本だよ」と言われたのです。

夫に頼りきっている気持ちに気づき、反省しました。

きょうだいに通訳してもらう

　私の調査によると、お母さんが下の子を妊娠すると、上の子の約四割が、お母さんに教えられるより前に、赤ちゃんがいることに気づくようです。上の子がまだ小さくて「おなかに赤ちゃんがいるよ」と言葉では語れなくても、お母さんの足の間をのぞきこんだり、人形を抱っこしたり、べたべた甘え始めたりするなど、これまでと違った行動を始めるのです。

　また、小さな子どもたちは、おなかの赤ちゃんとお話しするのも上手なようです。お母さんのおへその穴を通して、おなかの赤ちゃんが見えるという子どもも、めずらしくありません。

上のお子さんがいたら、ぜひおなかの赤ちゃんの気持ちを通訳してもらってください。

「お母さんのおへそからのぞいて、赤ちゃんがいま何をしているか教えて。赤ちゃんはなんて言っているの？」などと聞いてみましょう。すると上の子は、おなかに耳を当てたり、赤ちゃんに話しかけたりしてくれます。

上の子が「赤ちゃんがこう言っていたよ」と教えてくれたら、当たり外れにこだわらず、「ありがとう、助かるわ」と感謝の気持ちを伝えましょう。すると上の子は「お母さんの役に立てた」という自信をつけます。そして赤ちゃんを迎える心の準備もできるので、下の子が生まれると、とてもかわいがってくれるのです。

赤ちゃんを通して、家族がごく自然にひとつにまとまっていくなら、とてもすてきです。

きょうだいに通訳してもらった体験談から

＊　向こうから来た人にぶつかったとき、三歳の上の子がふいに「ママ、赤ちゃんだいじょうぶ？」と言いました。びっくりして、「ママのおなかに赤ちゃんがいるの？」と聞くと、「うん、女の子だよ」と言って、おなかを撫でてくれました。数日後、検査をしたら、妊娠していました。

＊　下の子を妊娠中、逆子になりました。心配していたら、三歳の上の子が「おなか、戻っているよ」と教えてくれました。次の健診で、確かに逆子は直っていました。「ちんちんないから女の子」と言っていましたが、生まれたのは、本当に女の子でした。

＊ 二歳の上の子に、「赤ちゃんにいつ生まれるかきいて」と尋ねたところ、おなかに耳を当てて「うんうん」と言いながら聞いてくれました。「やったあ。明日、生まれてくるって」と教えてくれ、本当にその翌日、赤ちゃんが生まれました。

＊ 二人目がほしくて、三歳の上の子に「お空に行って、赤ちゃんをママのおなかに連れてきて」と頼んでいました。上の子は夜になると挑戦しては、「泣いている赤ちゃんしかいなかったから、おなかにはいないよ」と答えていました。そんな日々が三ヵ月ほど続いたある朝、上の子がとうとう「昨日、お空に行ったら笑っている赤ちゃんがいたから、ママのおなかに入れておいたよ」と教えてくれました。そしてその月に妊娠したのです。

夢でお話しする

ぼくね、神さまと
約束しているんだ。
生まれるときは
男だって
妊娠五カ月のとき
夢の中で。
本当に男の子だった。

（胎内記憶についてのアンケートの中で
お母さんからの回答より）

おなかの赤ちゃんの思いを感じとるには、夢を使うという方法もあります。家族に伝えたいメッセージがあって、お母さんに話しかける赤ちゃんは少なくないようです。

胎内記憶がある子どもの中には、「おなかの中にいたとき、夢の中で話しかけたのに、ママはちっとも気づいてくれなかった」と言う子もいます。夢の中で、つけてもらいたい名前を告げる赤ちゃんもいます。とくに、性別を教えてくれるときは、ほとんどの場合、当たるようです。

忙しい日常生活を送っているお母さんも、睡眠中は、心身ともに深くリラックスしています。だからこそ、直観を発揮して、赤ちゃんとコミュニケーションしやすくなるのかもしれません。夢は、おなかの赤ちゃんがお母さんに話しかける、大切なツールのように思います。

夢でお話しした体験談から

＊ ある夜、夢に赤ちゃんが現れて、「ぼくの名前は『みいる』だよ」と教えてくれました。「名前はお父さんがつけると言っているよ」と答えたところ、翌日、夫と母も、同じ夢を見たのです。もちろん、生まれた赤ちゃんには「みいる」という名前をつけました。

＊ 妊娠二ヵ月で出血が続き、不安に駆られていたとき、赤ちゃんが「心配しないで」と言っている夢を見ました。しばらくすると出血はおさまり、無事にお産を迎えることができました。あの夢は、赤ちゃんからのメッセージだったのだと感じています。

＊ うちの息子は、私たちが名前を考えているとき（三ヵ月のころ）、夫の夢の中に、二、三歳の男の子が出てきて、「ぼく、のぞみ」といったそうです。夢を見た次の朝から、私たちは、のぞみと呼んでいました。ただ、お医者さんも私も女の子だと確信していたので、男の子だとわかったときは、主治医も私もとても驚きました。

＊ 息子がまだおなかの中にいる頃、こんなエピソードがありました。妊娠五ヵ月のとき、京都へ旅行に行きました。そして、旅行から戻った翌日、昼寝をしていると、活発そうな、関西弁の男の子の声が聞こえました。

「うちな、神様と約束してん、産まれるときは男やいうて」

声だけが聞こえる夢は初めてだったので、びっくりして目が覚めました。そして、産まれてみると、本当に男の子だったので、そのときの声は、息子が私に教えてくれていたのだと思いました。

夢で赤ちゃんのメッセージを受けとろう

夢はすぐ忘れてしまうという人もいますが、目覚めたとたん、どんな夢だったか思い出してメモをとるようにすると、だんだん覚えていられるようになりますし、また、夢も鮮やかになっていくようです。

印象的な夢を見たら、日付を入れて、書きとめておきましょう。赤ちゃんが生まれて大きくなったとき、「こんな夢を見たのよ」と話してみるのも楽しいでしょう。

今夜の夢で、赤ちゃんはどんなメッセージを送ってくれるでしょうか。

第3章

いいお産を迎えるために

お産は赤ちゃんとのりきろう

誕生記憶のある子どもたちに話を聞くと、「痛かった」「苦しかった」というだけでなく、「『さあ、いくぞ』って思った」というように、前向きにとらえている子もいるようです。

お産の前に、「狭いところを通って押される感じがするけれど、お母さんと一緒にがんばろうね」と話しかけておけば、赤ちゃんも心の準備がしやすいでしょう。

もしできれば、産院選びも含め、どんなお産がいいかおなかの赤ちゃんに聞きながら決めていくと、安心してお産に臨めるでしょう。

おなかの赤ちゃんは、外の環境についてさまざまなことを感じとっています。「この病院がいいと友だちが言っていたから」「こういう食べ物がいいとマタニティ雑誌に書いてあったから」というように、人の情報に頼るだけでなく、おなかの赤ちゃんにかかわりのあることは、赤ちゃんにも聞いてみるといいと思います。

聞くといっても、はっきりした会話ができるわけではありませんが、おなかに手を当てながら赤ちゃんにたずねてみると、不思議に赤ちゃんの声が聞こえてくるように感じるのです。そのとき感じた直観をぜひ大事にしてください。

どんなお産を選ぶかは、赤ちゃんとお母さんが決めればいいのです。

どんなふうに生まれたいのかは、赤ちゃんがいろいろと考えているようです。赤ちゃんと自分を信じることも大切なように思います。

トラブルが起きたら赤ちゃんに聞いてみる

妊娠中は、予想外の出来事も起こります。何らかのトラブルが生じたら、おなかの赤ちゃんの気持ちを聞いてみることは、とても大切です。

逆子は、よくあるトラブルです。逆子を直す方法には、骨盤位体操、お灸、鍼《はり》、漢方薬、外回転術などがありますが、私はどう対処すべきか決めるとき、ダウジングや直観で赤ちゃんの気持ちを感じとり、参考にしています。

これまでの経験では、逆子になるのは、赤ちゃんが何かご両親に訴えたいことがある場合、お母さんの体が冷えている場合、お母さんの心が冷えている場合、逆子のほうが居心地いい場合などがあり、理由は赤ちゃんによってさまざまです。

赤ちゃんに「外回転術をして。私もがんばる」とお願いされたと感じ、外回転術を行ったときは、週数がずいぶん進んでいたのですが、無事に回ってくれました。また、赤ちゃんに「ここは冷たいよ」と訴えられ、お母さんに「心当たりがありますか」とお尋ねすると、「そういえば…」というお話になることもよくあります。多くはお母さんの心理的な問題で、それが解決すると、逆子が自然に直ることもめずらしくありません。

ちなみに、私は妊娠中のトラブルの多くに、お母さんの精神状態がかかわっているように感じます。感染症も、お母さんの気持ちが安定していれば、免疫も高くなるので、そう簡単にはかからずにすむでしょう。

困ったことがあったときほど、赤ちゃんの気持ちを感じるようにしてください。もしかしたら、トラブルは「ママ、私とお話しようよ」という、赤ちゃんからのメッセージかもしれません。

いつ生まれるかは赤ちゃんが決める

ぼく、まだお母さんのおなかの中にいたかったのに
むりやり外に出された。
とても眠かったのに。
三歳、男の子

（胎内記憶のアンケートの子どもたちの言葉より）

「いつ生まれるかは、赤ちゃんが決める」という子どもは、たくさんいます。

近年、おなかの赤ちゃんの肺で分泌されるサーファクタントというたんぱく質が、子宮を刺激し、陣痛を起こすという説が唱えられています。もしその説が正しいなら、まさに赤ちゃん自身がいつ生まれるかを決めているのです。

私は出張でクリニックを留守にすることもありますが、不思議なほど、赤ちゃんは私が帰ってくるのを待って生まれてくれます。あまりにタイミングが合うので、赤ちゃんは生まれる日や時間を選んでいるのではないか、と感じています。

赤ちゃんに意思や感情があることを認めるなら、お産では、生まれようとする赤ちゃんが生まれたいように生まれるのをサポートすることが大切だということになります。

とはいえ、お産には不測の事態も起こり得るので、病院側は万一に備えて、早期の医療介入をしがちです。しかし、実際のところ、圧倒的多数のケースでは医療介入は必要ありません。

赤ちゃんの頭だけ出たところでいったん止まり、心拍数が落ちても、顔の血色がよくて酸素が足りていることがわかるときもあります。そんなときは、吸引に踏みきらずに待っていると、次の陣痛でつるりと生まれてくるのです。

私のクリニックでは、微弱陣痛のため、子宮口が全開したまま何日も過ごしたお母さんもいました。

慎重に赤ちゃんの様子を観察していましたが、心拍をチェックしても問題なかったため見守っていると、お産が始まって五日目に、元気な赤ちゃんがつるりと生まれたのです。

赤ちゃんは、このうえなく満ち足りた顔をしていて、「待っていてくれてありがとう」と言っているようでした。

吸引分娩で生まれた赤ちゃんは、しばしば大人をにらみつけるものですが、その表情は、まるで対照的でした。分娩時間からすれば難産中の難産でしたが、赤ちゃんの表情から見るなら、すばらしい安産だったといえるでしょう。

もっとも、「自分の力で生まれたいけれど、やっぱりだめ。助けて」と訴える赤ちゃんもいますから、私はすべての医療介入を否定しているわけではありません。

ただし、私は吸引に踏みきる場合、赤ちゃんに「これから引っ張るけれど、いい？」と話しかけ、許可を求めるようにしています。赤ちゃんは、納得して吸引で生まれれば、いつまでも泣き続けることはありません。

お産の基本は、マニュアルに従うことではなく、一人ひとりの赤ちゃんの要求に耳を傾けて、それを手伝うことなのです。

生まれてすぐに抱っこする

私のクリニックでは、トラブルがない場合、赤ちゃんが生まれたらすぐに臍《へそ》の緒がついたままお母さんに抱きとってもらい、肌と肌をじかにふれあわせてもらいます。

これは「カンガルーケア」とよばれる方法で、赤ちゃんの体温の低下を防ぐために考案されました。しかも、お母さんと赤ちゃんの心理的安定を高めたり、母子の絆を深めるという点でも、大きな効果があります。

生まれたばかりの赤ちゃんが求めているのは、何よりもまず、お母さんです。泣いていた赤ちゃんもお母さんの肌にふれると気持ちが安らぎ、ほどなく泣きやんで、いい表情をします。

しばらくすると、赤ちゃんは自分からお母さんの胸のほうにはい上がって、おっぱいを探し始めます。

お母さんも、小さな赤ちゃんを胸に抱くと愛おしさがこみ上げて、自然に「生まれてくれてありがとう」「かわいいね」と語りかけます。すると赤ちゃんも、お母さんに応えて「ん、ん」と声に出してうなずいたり、目を合わせてほほえんだりするのです。

とくに、赤ちゃんがおなかの中にいたときから話しかけていたお母さんは、赤ちゃんをあやすのがとても上手です。

あなたこそ最高のお母さん

赤ちゃんが生まれるとすぐ、目の回るような日々が始まります。子どもがどれほどかわいくても、子育ては思いどおりにいかないもので、なかなか大変な仕事です。

途方に暮れることもあるでしょうが、つらさのなかに喜びをどう見出していくのかが人生の醍醐味であり、お子さんはそのパートナーとして、ほかでもないあなたを望んだのです。

巣立ちのときは、いずれ必ずやってきます。子どもがお母さんのふところにいるのは、一生のうちほんの限られた時間でしかありません。

赤ちゃんがお母さんを無条件に愛していること、お母さんに喜んでもらいたいと思っていることをいつも忘れずに、このかけがえのない時間を味わっていただけたらと思います。

あなたは、赤ちゃんが雲の上から選んだ、世界でたった一人のすばらしいお母さんです。

赤ちゃんは、「生まれたい」という願いをかなえてもらっただけで、充分幸せを感じています。どうか、そんな赤ちゃんの愛を受けとめて、自信を持ち、子育てを楽しんでください。

あとがき

あなたらしいお産と子育てを

赤ちゃんが宿るという体験に、喜びと同時に、戸惑いを感じているお母さん。でも、だいじょうぶ。あなたは決して、ひとりぼっちではありません。赤ちゃんがあなたを応援しています。

赤ちゃんは、いつもお母さんの気持ちを感じています。お母さんが嬉しいと赤ちゃんも嬉しいし、お母さんが悲しいと赤ちゃんも悲しみます。しかも、赤ちゃんは一般に想像されるよりずっと賢く、いつも「お母さんを助けたい」「心を通わせたい」と願っているのです。

赤ちゃんに語りかけ、赤ちゃんの心に耳を澄ましてください。迷いや悩みがあったら、誰よりもまず、赤ちゃんに相談してみましょう。

もちろん、長い妊娠期間には、ジェットコースターのように気持ちが揺れることもあるはず。赤ちゃんがなんでもよくわかっていることを知り、妊娠中のあれこれを思い出して、「赤ちゃん、ショックを受けたかしら」と、不安に駆られるお母さんもいるかもしれません。

けれど、私の調査では、おなかの中の記憶はほとんどがポジティブですから、あまり心配する必要はありません。

そもそも、赤ちゃんを思って反省できるなら、それは赤ちゃんを心から愛している証拠ですから、その時点で信頼を取り戻せるのです。

それに、もし赤ちゃんがとても繊細で、おなかの中の悲しい思いを引きずって生まれてしまった場合は、訴えるかのように泣いたりぐずったりして、気持ちを伝えてくれます。

赤ちゃんはお母さんが大好きだから、いつでも親子関係を修復するチャンスを与えてくれるのです。

そんなときは、意識的に赤ちゃんを抱きしめ、「生まれてくれてありがとう」「あのときのことがつらかったの？　ごめんね」と語りかけてください。心を込めて抱きしめるなら、お母さんの気持ちは赤ちゃんに必ず通じます。

同じことは、お産についてもいえます。できれば自然分娩が望ましいのはもちろんですが、早産になったり、医療介入が必要になる場合もあります。

けれど、「お産に失敗した」と落ち込む必要はありません。ある研究所の調査によると、何百組もの母子のなかでもっとも深い絆で結ばれていた三組は、いずれも帝王切開による出産でした。私のアンケートでも、帝王切開したお母さんの半数以上が「安産だった」と感じています。

帝王切開は赤ちゃんにストレスが大きいことを理解したうえで、しっかり赤ちゃんに向き合うなら、プラスの体験に転じることができます。

妊娠、出産、子育てを通して、万事順調なんてことは、まず絶対にありません。

大切なのは、完璧を求めることではなく、トラブルがあったら事実を受け入れ、それを糧にして、お母さんも子どもと共に育っていくことなのです。

そんな成長のチャンスを与えてくれることこそが、子育ての楽しみであり、魅力ではないでしょうか。

赤ちゃんは、あなたが大好きで、あなたを信じて、あなたを選んで生まれてきます。

赤ちゃんを宿したそのときから、あなたは赤ちゃんにとって、すでに最高のお母さんです。だから、あらためて「完璧なお母さん」を目指す必要はありません。

子育ては、子どもの自立まで続く長い道のりです。そして、どんな子育てを選ぶのか決めるのは、周囲の目ではなく、それぞれのお母さんと子どもなのです。

さあ、おなかの赤ちゃんに、話しかけましょう。

子どもがおしゃべりできるようになるまで、コミュニケーションを待つ必要はありません。いま、おなかの赤ちゃんに話しかけて、その声に耳を澄ませてください。

ほら、「お母さん、大好き！」という赤ちゃんのささやきが、聞こえてくるはずです。

二〇〇九年七月

池川　明

子どもたちの胎内記憶の言葉から

2003年、3601組の親子に胎内記憶・誕生記憶
についてアンケートを行い、約45%の方から回答を
得た結果から、子どもたちの言葉を紹介しましょう。

☆おなかの中にいたときのことは覚えてる？

● 「おなかの中にいたときね、木とか、ビルとか、電気とかが見えたよ。雲とかオレンジ色で、夕焼けみたいだった。道路もオレンジ色だった」（二歳、男の子。妊娠中、お母さんはよく夕日を浴びながら海沿いの公園を散歩していた）

● 「おなかから見た二月は、二九日まであった。おかしいな」（三歳、男の子。二月のカレンダーを見ながら。閏年の生まれで、お母さんは生まれた年のカレンダーはその子に見せたことがなかった）

● 「お母さんとお父さんの結婚式のとき、手をつないでいるのが見えた。拍手がいっぱい聞こえた。おへそから見えるんだ。ありとか見えた。でも、外に出たらもう見えない。おなかの赤ちゃんだけがもっている、特別な力なんだ」（五歳、男の子。結婚式は妊娠七カ月のとき）

● 「すべり台やぶらんこをしていたね」（四歳、女の子。妊娠中、お母さんは上の子を連れて毎日公園に行っていた）

☆おなかの中はどんなところだった？

- 「暗かった」（二歳、女の子）（二歳四カ月、男の子）（二歳四カ月、女の子）（二歳六カ月、女の子）（三歳、女の子）（三歳、男の子）
- 「暗かった。せまかった」（二歳、女の子）（三歳、女の子）
- 「暗いけど、たまに明るくなった」（三歳、女の子）
- 「暗かった。トンネル」（三歳、男の子）
- 「暗くて、狭くて、あったかかった。ときどき、もっとあたたかくなったとき、ぐるぐる動いたよ」（三歳、女の子）
- 「明るかった」（二歳十カ月、男の子）
- 「明るくて青っぽい。ママの声が聞こえていた」（二歳、女の子）
- 「赤かった」（一歳、女の子）
- 「おなかの中は、赤くてあったかかったんだよ」（二歳六カ月、男の子）
- 「水の中で、楽しかった」（三歳、男の子）
- 「おふろに入っていた」（二歳、男の子）（三歳、男の子）
- 「おふろみたいだった。なんか光みたいなのがあった」（三歳、男の子）
- 「イルカと一緒に泳いでいた」（一歳六カ月、女の子）

☆おなかの中で何してたの？

- 「ずっとこうしてたよ」（と言って、体を丸める仕草をした）（四歳、男の子）
- 「（丸まって）こんなかっこして寝てた」（三歳、女の子）
- 「丸くなっていた。上に光があった。ぐるぐる回っていた。後は寝ていた」（五歳八カ月、女の子）
- 「足をぴょんぴょんしてた」（五歳、女の子）
- 「おなかの中は、暗くてきゅうくつ。ママの話し声がよく聞こえた」（四歳、男の子）
- 「暗くてきゅうくつで、少し苦しかった。ドンとしたので、びっくりした」（三歳、女の子。四週頃、お母さんは運転中に追突された）
- 「バイオリンと英語が聞こえた」（二歳二カ月、女の子。妊娠中、お母さんは毎日英会話のレッスンを受け、お父さんはよくウクレレを弾いていた）
- 「早く生まれたいと思っていた」（三歳、女の子。妊娠七カ月からおなかが張り、九カ月に入ってすぐ入院、三七週での安産）
- 「暗かった。歌ったり、音楽を聞いたり、水を飲んでいた。ふわふわしていたけど、せまかった。泳いでいた。そろそろ外に出ようと思って、出てきた」（三歳、女の子）

☆生まれてきたときのこと、覚えてる？

●「ぐるんって回って、よいしょって出た」（二歳、女の子）
●「(生まれたときは）まぶしかった」（三歳、女の子）
●「おなかから出るとき、狭かった」（三歳、男の子）
●「苦しかった」（二歳六カ月、男の子。お産のとき、へその緒が巻いていた）
●「パンとなった。光った」（二歳六カ月、女の子。お産は破水から始まった）
●「まぶしかった」（三歳、女の子）
●「生まれたときは、(外が）見えた。だって頭から出てきたんだもん」（三歳十カ月、男の子）
●「すっきりした」（三歳、女の子）
●「ひざが痛くて、顔に血がついていた」（四歳六カ月、女の子）
●「血がついていた」（五歳、女の子）
●「誰かに抱っこされて泣いたの」（三歳、女の子）

☆どうして　ママとパパを選んだの？

●「まほうつかいに連れられてきたの。きらきらしてあったかい道を歩いて。その道は分かれ道がなくてまっすぐで、ずっと行くと、パパとママのおうちにつくんだ。そのとき、となりの道を歩いている女の子がいて『じゃあね。またね！』って言ったの。眠くなると、まほうつかいがだっこして飛んでくれた。決められた道を決められた赤ちゃんが行くんだよ。ぼくせんようの道なんだ」（四歳、男の子）

●「空の上にはこんな小さい子どもがいっぱいいて、これくらいの大きい人がおせわしてくれてて、小さい子たちは空の上から見てて、あの家にするっておりていくんだ。で、ぼくもおかあさんのいるところに決めたんだ」（三歳、男の子）

●「ぼくね、光やったよ。光のお友だちがたくさんいた。ひいおじいちゃんとひいおばあちゃんがきてくれて、○○のおうちはあそこじゃけん、って教えてくれた。だからきたんだよ」（四歳、男の子）

●「ぼくがおとうさんとおかあさんをえらんだ。知らないおじさんと空中に浮いていたら、家の中から笑い声が聞こえてきて、そのおじさんがこの家でいいかと聞いたので、ぼくはいいですってこたえた」（三歳、男の子）

●「向こうの国には子どもたちがいっぱいいて、上から『あのママがいい』とか『かわいい』『やさしい』とかいって、みんなで見ているんだ」（二歳、男の子）

●「女優さんになりたかったから、ママを選んだの。ママが一番きれいで、ママなら女優さんにしてくれると思ったの」（五歳、女の子）
●「ママがこういうところでこんな服を着て、しいたけに手をのばしたときに（おなかの中に）入ったんだよ。ママのおなかに入ったとき、長いひもがあって自分のおなかにくっつけたの。かんたんだよ」（五歳、女の子）
●「ママが子どものとき、お空からママのこと見ていたんだよ」（四歳、女の子）
●「お父さんとお母さんに会いたかったから、生まれてきたの」（二歳、女の子）
●「パパとママを選んだんだよ。ずっと待ってたんだよ」（二歳、男の子。お母さんは結婚してから五年間子どもをつくらなかった）
●「ぼくね、雲の上にいてね、あーあそこの家がとってもいいな、行きたいなって思ってたんだよ。だからぼく、ここに来たんだよ。来てよかった！」（二歳、男の子）
●「ぼくは『お母さん大好き』って言うために、生まれてきたんだよ」（五歳、男の子）
●「かわいがられるために、生まれてきたの。ママは、かわいがってくれると思ったから」（四歳、男の子）

☆おなかの中にいるときに親に話しかけられた子ほど、胎内記憶を覚えている！

●表1　胎内記憶・誕生記憶の保有率

		記憶がある	記憶がない	はっきりしない	合計
胎内記憶		534	649	437	1620
		32.9%	40.1%	27.0%	100%
誕生記憶		335	748	537	1620
		20.7%	46.2%	33.1%	100%

●表2　母親の胎児への話しかけの有無と、胎内記憶・誕生記憶の保有率

	胎内記憶			誕生記憶		
	記憶がある	記憶がない	答えたがらない	記憶がある	記憶がない	答えたがらない
話しかけていた	290	263	147	184	317	167
	41.4%	37.6%	21.0%	27.5%	47.5%	25.0%
とくに話しかけていない	207	336	63	125	382	65
	34.2%	55.4%	10.4%	21.9%	66.8%	11.4%

解説：表２は妊娠中に話しかけたかどうかについて回答のあったものの中での内訳。
胎内記憶・誕生記憶ともに、話しかけの有無で有意性あり。

アンケートの結果を見てみると、おなかの中にいたときに、親から話しかけられていた子ほど、胎内記憶を覚えているということがわかります。

☆親から聞かれると、胎内記憶を話してくれる子が多い！　2、3歳のときがいちばんのチャンス？

●表3　子どもが胎内記憶・誕生記憶を話した状況

	自分から話した	質問されて話した	合計
胎内記憶	38	496	534
	7.1%	92.9%	100%
誕生記憶	22	313	335
	6.6%	93.4%	100%

●グラフ1　胎内記憶・誕生記憶について最初に子どもが話し始めた年齢

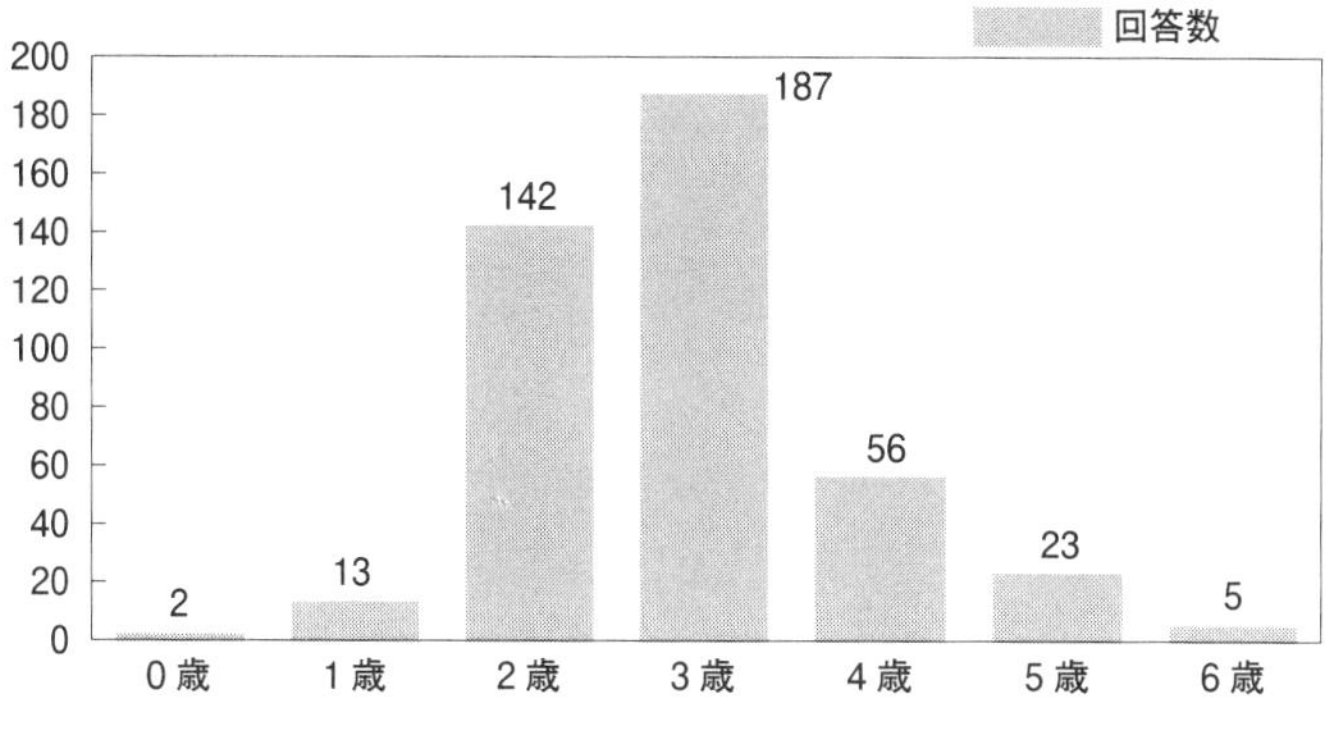
回答数
200
180
160
140
120
100
80
60
40
20
0
2
13
142
187
56
23
5
0歳
1歳
2歳
3歳
4歳
5歳
6歳

親から聞いた場合に、子どもが胎内記憶を話してくれたという回答が多く、また、子どもが2、3歳のときに話してくれたというケースが多くなっています。

●著者紹介

池川　明（いけがわ　あきら）

1954年東京都生まれ。帝京大学医学部大学院卒。医学博士。上尾中央総合病院産婦人科部長を経て、1986年に池川クリニックを開設。胎内記憶・誕生記憶について研究をすすめる産婦人科医として、マスコミでも取り上げられることが多く、講演などにも活躍中。

お産・子育てをとおして幸せな人生を生きることへのサポートをライフワークとしており、生まれてくるときの赤ちゃんとお母さんの表情を大事にしたお産を心がける医師として、診療に忙しい日々を送る。

著書に『赤ちゃんと話そう！生まれる前からの子育て』（学陽書房）、『おぼえているよ。ママのおなかにいたときのこと』『ママのおなかをえらんできたよ。』（ともにリヨン社）など多数。

●執筆協力

矢鋪紀子（やしきのりこ）

ライター、翻訳家。1971年生まれ。慶應義塾大学卒。心と体の癒しをテーマとする。編集に『イーグルに訊け』、訳書に『女神のこころ』『感謝するということ』他多数。

おなかの赤ちゃんと話せる本

2009年8月17日　初版印刷
2009年8月21日　初版発行

著者　池川《いけがわ》　明《あきら》

発行者　光行淳子
発行所　学陽書房
〒102-0072　千代田区飯田橋1-9-3
営業　TEL 03-3261-1111 FAX 03-5211-3300
編集　TEL 03-3261-1112
振替　00170-4-84240
装丁　こやまたかこ
イラスト　かまたいくよ
本文デザイン　佐藤　博
本文DTP制作／印刷・文唱堂印刷　製本・東京美術紙工

ISBN978-4-313-66051-9　C0037
乱丁・落丁は送料小社負担にてお取替えいたします。
定価はカバーに表示してあります。